AF607433
AVERSO

ANTES DE LO PENSADO

Nuño Aguirre

Número 48 de la Colección **PERVERSA**

Antes de lo pensado

Edición al cuidado de Averso Poesía
www.aversopoesia.com

Primera edición: abril de 2025
ISBN: 979-13-990436-0-0
Depósito Legal: GR 703-2025

Impreso en España - *Printed in Spain*

El papel utilizado para la impresión de este libro está calificado como papel ecológico y procede de bosques gestionados de manera sostenible.

ANTES DE LO PENSADO

Nuño Aguirre

INVIERNO

ADAGIOS

Se acaba el aire

Se acaba el aire.
Solo mandíbulas agrietadas, miradas endurecidas.
En el pasillo, saliva agria.
El goteo inmenso del rencor, colmando el vaso.

Despierta, sobre la palma de mi mano, la claridad.
La extensión de un desierto que ha de atravesarse —Michaux.

Un nuevo umbral, una vez quemado el lastre de las vidas pendientes.
Y una losa de sal, en el punto donde confluye el cuello con el pecho.
Y las últimas lágrimas por lo que pudo haber sido.
Ya casi apenas.

Compás sin notas.

El cuarto de los niños, en silencio.

Gratitudes

Es el espacio de las velas desplegadas.
Donde cada centímetro de destino vivido encaja en el
tapiz.
Lenta crisálida de mediocridad y sales sociales.
Deshaciéndose en otro humo, en otro hielo.

Las noches menguan: ¿seré yo, u otro?

Morir como me prometí que lo haría.
En calma, en el ancho mar.

Invierno

Aire estancado. Cálido, en el áspero invierno.
Coexistencia. Evitándose: asimbiosis,
y los juegos de los niños.

El cuerpo adelgazándose la mente reconociéndose.
Ansiando estar.
Horizontes: me detengo ahí, antes de que se extiendan.

La vida desplegándose. Impersonal.
Como una compraventa, una anécdota de muerte,
microorganismos en el agua.
Escribo entre los adornos navideños que nunca
pondría, flotando en suspensión los meses que me
quedan.

Intervalo. Final de una exhalación.
No anticiparse. No apresurar.
Hoja que cae desde la rama más alta.

La vida desplegándose.
No hay desgracia, hay lo-que-hay.
O una transferencia de un estanque a otro.
O arena sobre la arena.

Etiquetas.
Lo que la mente impronta sobre esta mañana de
sábado en que pintamos nuestros nombres en papel
reciclado
y recortamos un tiranosaurio.

Me quedo así/ahí.
El vendaval, proliferando a mis espaldas.
No es vendaval, no: breve rizoma, jengibre de los futuros
múltiples. Las casas en Idealista, los prosycontras, los
modelos de coche eléctrico.

Todo se detiene al poco de empezar.
No prolifera.

Lo llamo serenidad por decir algo, porque ustedes me
entiendan.
Pero es la vida desplegándose al rebajar el roce.
Una página pasándose lentamente, unos ojos mirando
sin pestañear.

Y luego está el zarpazo, el amor escindiéndose.
Dos niños que juegan, adentrándose en la realidad:
Nuño ya escribe le dicen que no se salga de los renglones
él obedece trae los deberes para que los firme. Frida
saluda puntualmente a la directora deja en su sitio la
cartera aprende los espacios y los roles. Dicen lo tiene
todo muy claro asienten satisfechos.

La satisfacción de quienes no dudan quienes no tiemblan
en el viento.

La regadera inclinándose

Se agrieta el aire en las copas de los árboles.
Los días se suceden, imperceptibles.
Invierno austral.

Envejecer era esta arena fina en las articulaciones.
Un no querer que hay que remontar: sentarse a escribir,
a postularse, a meditar.
Lo que he aprendido sobre mí mismo y lo que me sigue,
como peaje.
Como la sombra, *como el arado al surco* —Dhammapada.

Sentado en la veranda, el té se enfriaba y mi hija iba
regando las plantas ya mojadas por la lluvia.
Me golpeó apenas, como la rama de un arbusto tenue.
Movimiento sin cómputo, la vida siendo sin hacer, la
regadera inclinándose.

Pude volver al libro pero elegí acompañarla.
Dejé mi té y mi dzogchen enfriarse sobre la mesa y acudí

a inclinarla   regadera de aluminio   sobre las plantas
mojadas.

Grietas

Hileras al frente.
En abanico, futuros inminentes.
Propios.
Donde los brillos no pertenezcan a otros órdenes,
a directrices de tela plisada.

Es el final de la inmensa
travesía de las grietas.

La única silla

Cuando no hay arriba ni abajo,
    ni atrás ni adelante,
    ni camino a los lados,

hay que escoger

        sentarse

Así comienza
la verdadera práctica

(dicen que dice
    Ajahn Chah)

La nueva casa

Amanece. Silencio de almohadas.
El hombre rechaza el rencor que viene a verlo,
a calentar la cama,
a saciar la compañía.

Un lento apilarse de cartas, baraja inglesa.
Conformarse en el espejo no hay ecos.

Café en polvo,
o ni siquiera.

Bocanadas

Pálpitos.
Flores para la estatua de Mañjuśrī.
Cutículas abrasadas.

Amor filial: pecho de agua.
Pasos. Pasos libres sobre la arena.

Cristalina.
Cristalizada.

El monasterio

Acaricia los helechos, pisa la dulce tierra africana.
El peso tenue de los 36, las miradas que le vuelven, *saṅkhāras*.
Incomprensión, ausencia, litio: mente sin brida.

Paz en los intervalos, baches dolor en los neumáticos llegué
hasta aquí.

Diluvia.
La soledad recién pintada.

Noche frente a las montañas de Lesotho.

El niño el hombre

El niño el hombre.
Juntos, observan en la distancia.
Maltrato dicen. Hijos de p.

El cuerpo seco, de repente.
Aquí mismo, y sin embargo ajeno. Córneas heladas.
Habitado: niñoyhombre.
Piel de fino acero. Un oboe clavado en el tímpano. Mozart.

Los observa en la cola del avión. Sin recapitular afrentas,
siente la mandíbula en grieta, un alambre de espino en el diafragma.
Asco, desprecio puro.

Goteo en el cuerpo.
El-niño-el-hombre, viviendo el veneno.
Sin escupirlo; sin personalizar ni pretender palabras.

Quieto, en el eje del mundo,
odiando.

Sin grietas

La abundancia vacía. Las casas de diseño, cacerolas con
asa de cobre, voces aplicadas en repetir lo cuerdo.
Dos niños caminan entre los objetos y yo los miro
viendo pasar las barcas.

La humareda, cada vez menos.
Apenas algún rastro de la tos cortés.
Rescoldos.

Esta larga, intensa, hermosa exhalación.
Donde a todo le permito ser
y desvanecerse.

Qué hermoso el entramado de las nubes el artesonado de
las jacarandas en las primeras lluvias de noviembre.

Sin grietas en el agua, la vida sucede de repente:
en las costuras de la piel,
entre los poros del aire.

NO DUALIDADES
MODESTAS DANZAS FILOSÓFICAS

Danza / Tractatus

1. La piedra estalla
en el cuerpo.
1.1. ¿Dónde, si no?

2. La sed
se manifiesta
al detenerse la danza.
2.1. La música oculta la sed.

2.2. El cuerpo sabe
lo que puede un cuerpo.
2.2.1. Lo que puede | lo que pide | lo que estalla en
un cuerpo.
2.2.2. En este cuerpo, aquí.

3. La piedra estalla la repisa la sostiene.
3.1. La certeza
no tiene contornos, tipología concreta.

3.2. Vamos, que no hay palabra: hay sensación.
3.2.1. Hay cuerpo/piedra. Centro del aire.
3.2.2. Saturación alquímica.

3.3. Hay movimiento, vamos.

Platón / Bashō

El romero, aquí, a mi lado
no es la palabra romero

Pero si digo que huelas romero,
el olor de algún romero asciende
al córtex y tú, que estás leyendo,
te sientes invadida
por la exactitud de un olor

cúbico | verdeverano |
recododelcamino |
costamediterránea

Pero el romero aquí a mi lado
no es ese romero.

Pobre Platón
pobres nosotros
postulando el arquetipo del romero.

¿De qué está hecho
el olor
que se recuerda?

Basta estirar la mano para encontrar,
aquí,
su inmensidad concreta.

Rajgir 2013 / Magaliesberg 2019

La cumbre de los proyectos extinguidos
frente a la escalera interminable del llegar a ser

Sentado / De camino

desde hace años

en mi propio

Pico del Buitre

Volver / Acacias

La percepción de las acacias tras la lluvia.
Las hojas nuevas | las espinas | la exactitud cambiante.
La vida tierna y los colmillos al unísono.

De cerca: otras acacias, sobre mis ojos serenos.
La percepción ha prosperado, ha cogido peso.
Hay arrugas, canas también.

Fue un largo *détour* reencontrarme con las espinas, con
    el contraste cotidiano de sus ramas a contraluz.
La pregunta, postergada, por el que flota en las transiciones.
Brotando de nuevo: fresca; punzante.

Afrontarla / abrazarla por fin:
    con el poso de lo vivido a mi pesar y lo atravesado
                                        aún en la garganta.

De cerca, las espinas y los brotes.

La perfección elemental de las acacias.

El hombre / el aire

El silencio del aire austral. Noviembre, las lluvias de verano.
La densidad exacta de los 37, permitiéndole flotar bajo
los párpados.
Mientras gotea la buganvilla y los niños duermen.
Densidad perfecta para sostenerse aquí, en esta hilera, en
esta pausa del pentagrama.

El hombre, frente a los libros acumulados y los objetos que
cuentan una historia.
Reconocerse, sí, en esa historia-objetos.
Sería lo fácil, decir: por aquí he pasado, contárselo a las
visitas como tantas veces.
Sería lo suyo por eso los tiene.

El hombre el aire frente a los objetos
que solo son objetos dice
madera lienzo papel:

Parapeto

frente a la noche inmensa.

Algo se quema

Lo que se apaga. Rescoldos. El influjo de Saturno.
Lo que viví que no era propio, que fue consentido sin oponer
resistencia:
Una hoja de castaño en un bosque polar, desconocido.
El caparazón que vibra a fuego, que reclama su brillo.
Las manos que, bajo la piel, no envejecen.

Lo que se apaga sin hacer estruendo y se disuelve en el lienzo.
Otras manos me aprietan, accidentales.
Todos somos accidentales.
Nuestro perfil docente, la forma exacta de las gafas intenta
negarlo.
Son narrativas, el lenguaje de la coherencia. Para eso está:
para dar forma a una impresión
y que alguien la sienta.

La coherencia es impuesta: ¿quién se rebela
contra la sintaxis?

¿Seré yo, u otro?, me preguntaba.

Otro.

Se está quemando el envoltorio.

El niño / recovecos

Aquella casa. La de la infancia remota y los años de plomo.
En otros tonos, en otro tempo: sin *staccato* ni el rechinar
insomne de los
somieres.

Había un nicho para el radiador en la pared del pasillo,
con una puerta de rejilla. La borramos al volver ahí a
malvivir la convivencia, a cumplir el mandato de las vidas pasadas.

La veo | aparece de golpe | sé que es ahí: ahí-entonces, en la infancia borrada.
La infancia infinita de los susurros no verbales.
La infancia vieja, gastada ya.
Pero no está el niño, ese rescoldo de miedo liso y parálisis en los molares,
ese surco vivo   inconsolable.

Desde dentro, rozo el contorno de la rejilla. La tela se ha
combado por el calor, la mano infantil la nota lo percibo:
vibración, todo este tiempo
encerrada, bajo las huellas dactilares.
Agazapada no, ya no: es un sabor silencioso, antes de lo pensado.

Sin perder pie
Sin el Cantábrico aún
Sin desear abrir la puerta y llegar al pasillo
donde

los dos adultos gritan
se enfrentan
dirimen su confusión a
borbotones

hacen lo que pueden

ANTES DE LO PENSADO

Pestañas

¿De quién son
estas
manos
este peinado
bajando
por
la enredadera
del recuerdo?

De nuevo, ¿tú?
Pero sin rastro, sin historia ya.

Del amor quedan tan solo
pestañas en el aire.

Brizna

En el espacio
de la brizna de hierba

la noche sin esfuerzo.

Llanura 1

La llanura.
La espiga de aire.
Paisaje de Delhi sobre los ojos abiertos.

Sobre-impresión: *saṅkhāras.*
Eclosiones arenas interminables,
una tras otra
formando paisajes
espesor
alambradas de dulzura.

Sati

Un parpadeo
y aparezco.

¿Quién me trae de vuelta
a la espesura,
a la llanura sin viento?

Esquirlas

I

La astilla, en el centro del pecho.
Sin daño ya, pero oprimiendo el torso, los párpados.
Rugido/silencio.

La astilla, de pronto esquirla: empieza a arder sin expresión.
Luz en el pecho:
Dos desconocidos,
caminando juntos en el atardecer.

La persona: su pelo fino su coxis alargado sus dedos: nada.
Nada al alcance de la vista, salvo el contorno de sus pies
descalzos.

Pasos lentos, mínimos.
Esquirla ardiendo.

II

Esquirla no conceptual: el pecho abierto de repente.
Sin sorpresa.
Sin alteración ni interferencia.

La armadura, desarmada.
El propósito, inerte.
Los pasos, plasmando luz sobre el asfalto.

III

Poeta, pelo rizado, gafas, mi historia: nada.
Nada se interpone entre mis pies descalzos y la grava.

Marcando el ritmo y sintiendo el eco.
Dejándome acompañar en otro plano.
Un plano
sin vocación de pliegue o de palabra.

IV

A la mañana siguiente
salgo del sueño con retazos de esa luz.
La persona —su nombre su piel oscura sus hombros
  imperfectos—
se difumina en la secuencia del horario.

Queda un regusto, sin sabor aún.
Y la esquirla: pulso encarnado.
Un crujido indivisible del aire en el viento.

V

Sostenerse en el vértice.
Lo dije alguna vez.
Es otro vértice, en cambio, este en el que me alargo.
El que conduce los cuerpos hacia el amor,
hacia las manos saciadas aferrándose.

Me sostengo en el vértice, pero sin hacer fuerza.
Veo venir el puño cerrándose, la esquirla inflamada,
la mano, los cuerpos en el amor.
El desesperado amor.

Por una vez
(¿por una vez? escondo la pregunta en el paréntesis)
camino solo bajo el atardecer,
acompañado.

Luciérnagas

Para Simón, Bárbara y Linda

No estoy cazando palabras,
sino asistiendo al goteo del derrumbe.
Pintura sobre una alfombra,
sobre una cara.

No hay acecho:
Observo mientras realizo tareas,
mientras me tomo un té o corrijo exámenes.

El goteo silencioso de un umbral que se parte,
hoja que se desprende sin estrépito de una narrativa,
luz a través de una ventana opaca.

Botones de mi chaqueta de niño y unos dedos cuidadosos
haciéndolos pasar por su agujero.

Claro, la mente lo cuestiona. Con armazones,
con tabiques contrahechos, con razones para no ser
y la retahíla del quéserá.

Una talla menos de mí.
Un disfraz-cuerpo que me queda chico
y se resiste a caer.

No estoy cazando palabras en el cuaderno como otras veces.
Estoy contando luciérnagas.

Llanura 2

Dharmagiri
Febrero 2020

La llanura, reencontrada. Diez años después.
Amniótica, en todas direcciones.
En el cuerpo | más allá del cuerpo.

Entrelazada en el olor del romero.
Adherida a las manos,
y al sonido metálico de la tormenta.

Llanura 3

La llanura.
Antes y alrededor de lo pensado.
(Como) un habitáculo sin paredes, donde alguien

da pasos lentos, silenciosos.

Noto el contacto de sus pies, el suelo frío, el viento
acompasado.
Soy yo, diría, pero
no hay colapso en la percepción

porque

no surge el temor
a ese colapso.

La llanura se extiende sin misterio,
apenas nieve, apenas lago.

El color de la luz

El color de la luz.
El color de la lente.

El olor de la lluvia
el color de la lente.

En el vaivén del aire, yo-transparencia.
Efímera, consolidada un instante.
Un haz apenas.
Haces apilados —los cinco *khandas*:
        Humedad sobre la piel.
        El sabor dulce/salado/insípido.
        El brillo del basalto.
        Las voces de los niños, risa de fondo.
        El ojo y la montaña, separándose, ya-dos.

Alzo las manos, palmas hacia arriba.
Recibiéndolo todo.
Todo dado, otorgado, vida inmerecida, bendición:
desde el reflejo de las primeras lunas hasta la arcada,
hasta el veneno del renacer, las encías en grieta, el
humo, el firmamento, nuestras playas amor
vacías ahora

Y los recuerdos de niño, salados, aquella casa.
Y la incertidumbre, tan benévola en sus intersticios.

La visión, observando la lente.
El color de la luz, siempre cambiando.

Paz en los intersticios

d'après Michaux

Paz en los intersticios. En lo inmóvil, el eje de la rueda.
El espacio silencioso entre los pensamientos, entre
respiraciones. La luz que ilumina la película que da forma
a lo informe.

Todo muy obvio, muy discursivo.
Ajeno al filo, a la agresividad de los puercoespines, de los
enjambres.
Ajeno al fuego.
Destinado a ser libro de mesa, mobiliario de comedor.

Los intersticios: los pliegues del manto de la estatua de
Buda. Mera piedra tallada, no hay más.
También los pétalos en el jardín, invitando a libar.

La paz: la *durée* de Bergson tocando, acariciando la niebla.
Diríase flauta, pero es madera tallada manipulando el viento.
Los dedos
no hacen música: ella nos hace.

Eso es la paz,
paz en los intersticios de la raigambre,
de lo vivido que me reclama tan intensamente.

Para ser, para seguir siendo yo firmar ante notario la
identidad, la cesión de propiedades. El nombre, pues.
Así que intento morar en los intersticios,
donde la mente suelta sus inercias, inhala

apenas, vibra en la niebla
la paladea en silencio.

La reconoce.

Concordancia

El que alimenta los pájaros y los pájaros
tienen que estar correctamente conectados.

Los pájaros: lo que la mente construye y se dispersa
con el viento, y prolifera sin brida.
El que alimenta es quien se queda pasmado,
embelesado, atado al vuelo.

La percepción no es estable, no alcanza a sostener la
consistencia mínima del ser-que-vaga.
Así que surgen dos condimentos: la veloz inercia de
las impresiones con su falsa lógica —algo tendrá que
haber en el eje del revuelo—,
y la gramática indoeuropea: el que alimenta los
pájaros/los pájaros
son funciones distintas y por eso
hay concordancia.

Resultado:
así lo siento así parece ser.

Pero si me mantengo suspendido en el regusto, en la
cola de cometa de las migas-recuerdo, las migas-
concepto;
o con un destello intencional corto el discurrir de las
bandadas,

alcanzo a ver
cómo los pájaros dan vida
crean
alimentan

al que alimenta los pájaros.

Los tres pájaros

«Dos pájaros, compañeros inseparables,
están posados en la misma rama;
uno come la fruta, el otro lo observa».
Mundaka Upaniṣad, 3.1.1.

Para Chantal Maillard

En el filo del aire, la montaña.
En el filo del aire las semillas, dispuestas a nacer.
Un soplo un viento un desequilibrio —*avijjā*
y se dispersan.
En las diez direcciones, buscando ser.

Está el que las huele, el que intenta ordenarlas.
El que se empeña.
Es el que arregla las flores y planifica instantes.
El que programa calendarios, lavadoras,
el que compra los vuelos.

Está el que mira, el que las deja irse con el viento.
Es quien se evapora con la lluvia, el que aposenta
palabras en la obsidiana.
Están los dos, conviviendo en la misma rama.

Pero también está, y esto cuesta saberlo, lo que
empuja las flores hacia las nubes.
Lo que causa los enjambres y la niebla.
El soporte del basalto el origen de la risa.
La inmediatez.

No está ni dentro ni fuera.
Eso lo dice el que observa, el que se sabe fluir.
Pero es más simple/complicado:
En el filo del aire,
la montaña contrasta con el espacio.
Igual que el cielo, tan azul. Tan lleno, tan alto,
proyectado sobre el lienzo sin contornos.

Se balancean y tiemblan, los tres pájaros.

Nítidos.
Inmóviles.

El niño

Él me enseñó a confiar en la tristeza cuando llega.
El delicado, inconfundible tono vibratorio en el abdomen.
Él me mostró que dentro hay un pozo de palabras,
y me enseñó a escribir, a poner piedras en el alféizar,
motas de azufre, escorzos, palmeras de playa a playa.

El niño, todo este tiempo sintiendo la cavidad.
La mancha primera en el uniforme.
El temor a los gritos del padre
el temor a los gritos
el temor.

Huérfano de la conciencia, se refugió en el lenguaje.
No en sus categorías, no en lo que nombra lo obvio, lo
    inequívoco,
sino en la ráfaga que se despliega lateralmente,
la que te da en la cara.

Hasta las rodillas en el barro de la sensación
y en la mano
                el loto que se expresa.

El gran escéptico en mí.
Sin inocencia.
Sin amargura.

El niño me enseñó a vivir y yo traté de acallarlo,
de meterlo en poemas.
Mi vanidad de adulto, de persona hecha.

Le abro la puerta.
Le cedo el sitio junto a la chimenea.
Le entrego las llaves de la intención.
Lo pongo en el altar.

Despedida

El niño, sin lágrimas.
Todo se va a la mierda repite mientras avanzan los días en el silencio. Yo lo escucho lo veo centellear en el lienzo me agarra a veces por las muñecas por los talones.

El niño, tenue. Menos sólido. No sanado no abrazado reconciliado.
Escupimos juntos en el marco terapéutico: él sigue aquí, no se libera no tiene porqué.
Pero se atreve a estar. Y a decirme que todo se va a la mierda sin que yo tenga que aclararle conceptos como a un adulto.

Luciérnaga.
De las más convincentes.
De las más agudas.

Ya no intento amarlo manipularlo, no pretendo leerlo ni que estemos bien.

Subimos juntos esta montaña tomamos juntos el desayuno.

Abhayamudrā

Eucaliptos, robles, especies invasoras.
Suelo ácido, acidificado.
Por las frases caídas durante el invierno, los comentarios
venenosos y sus semillas, por los monocultivos.

La tierra tomó su tiempo para sanar. Están volviendo
los arbustos, la ironía, las hierbas altas y densas que
protegen el humus, que retienen la humedad.
La letra con arabescos, la rutina no forzada por otros
labios, la lentitud de los pasos, de los escarabajos.

Le planto cara a la agresión de los soportales de piedra,
de los grandes mamíferos, de los coches altivos.
Desde esta desnudez, desde este pecho de bronce,
detener el maremoto,
plantar cara:
Abhayamudrā.

Una verticalidad distinta
que no se yergue sobre el dominio
que no se doblega
que no se parte.

Kuan Yin

El pulso de los grillos en la noche.
Esfera retícula.

Una suavidad
mantiene terso el lienzo
los pliegues del mantel el canto sin aristas ni palabras.

Mano que, con la insistencia de un mantra,
continúa alisándolo.
Haciéndome volver.

Incansable insondable cómo no
merecer

esta presencia

esta abundancia

Encabalgamientos
(nidānas)

El soplo el desprendimiento

—avijjā

Los ecos infinitos las voces las telarañas

—saṅkhāra

El filo seco el bisturí que afirma el cristal de la ventana

—viññāṇa

Este cuerpo esta voz este soporte

—nāmarūpa

Las seis puertas los toldos los estuarios

—āyatana

El puro peso el contraste de dos colores la exactitud el
impacto

—phassa

Su sabor hueco/salado/inerte

—vedanā

La espina clavada en la garganta: sed, terca, antes de la
sequedad

—taṇhā

La curvatura ese inclinarse hacia donde empuja el aire

—upādāna

El aire ya húmedo la condensación

—bhava

El nacimiento, el primero y a cada instante, gotas

—jāti

El peso el leopardo el polvoriento escozor la herida
que se extiende
en todas direcciones

—jarāmaraṇa

cansancio
colmillos y alambradas
manos que aprietan que se aferran al aire,
más soplos más desprendimientos

Ayuno

Las impresiones vienen a cámara lenta. Impactan apenas.
¿Qué se aposenta en las cavidades del dentro
cuando el niño las vacía?

Deshabitado, liviano, el cuerpo adelgaza la percepción, la detiene a veces.
Recovecos en los que fluye la enredadera y la vibración de
los ancestros, el primer liquen la obertura del Tannhäuser.

La inquietud no devora cada instante.
Lo que siempre ha girado continúa girando: el sudor
de las cafeterías, diálogos que sustentan lo propio, que
definen un contorno.

Las impresiones impactan apenas, pero hay un cariño,
un rumor un eco de oboes una caricia.

Y eso sorprende.

Y es otro tipo de contorno, más fugaz más comprensivo.

Aires de familia

Escena I

El hombre, pariendo. Deseándolo, vivamente, sin darse cuenta.
Frustración, inmensidad de hierro.

El patrón que vivencia: línea en la piedra, en el granito
matrilineal, foco de todos, magnética:
sufrir y que te admiren por ello.

No puede llevarlo a cabo. Es evidente el porqué | y sin embargo sufre.
Frustración, inmensidad de hierro, grabada en los primeros
espesores del cuenco.

Era imposible verlo, y sin embargo estaba:
cicatriz en los cimientos, oscuridad hasta que llegó la enredadera
con su luz salvaje.

Escena II

El hombre, en el paritorio, desenfocado.
Años, desenfocado.
Compitiendo con el vientre, contra la sangre que menstrua.
Apuntando hacia fuera, repartiendo las culpas.

Escena III

El hombre, desnudo.
No sanado no reconciliado.
Pero la cicatriz, visible.

Observa sus genitales el canal de espuma la imposibilidad de nutrir de moldear el barro.
La aspiración de los poemas parece vana, inflamada, impermeable.

Se va enfocando: la musculatura el vello las canas.
El cuerpo en el que está, que lo condiciona, que no le pertenece.

El hombre y la cascada de su linaje.

Apretujados en un cuartito oscuro,
tan polvoriento,
tan opresivo a veces.

BARDOS EN EL INVIERNO AUSTRAL

Primer bardo

La mañana, despoblada de apegos.
El final de la exhalación y la incertidumbre, en el mismo sabor, la misma rama.

El ansia de contacto el ansia de triunfar.
El ansia.
Su verdadero sabor: el sinsabor.
La noto en el trasfondo, en el reverso de mis aventuras, en todo lo que planifico hay ese olor, esa pelea con lo que existe.

El aire asciende la vitalidad asciende.
La mañana despoblada se revela: volutas del invierno, cenizas cálidas,
primeros/últimos graznidos de los ibis.

La soledad no escogida, escogerla.

Bardo de la luna llena de mayo

Wesar 2020

La casa nueva se muere esta existencia se muere.
Toda esta solidez
—la mesa de los proyectos, el grito verde de la veranda,
la escalera las vigas de madera la cama vacía—
se desvanece en un latido limpio,
acompasado.

Lo he ido anticipando en esta larga
exhalación de meses.
Ahora me aprieta el pulso,
se derrumba poco a poco, como un eco en la tarde de arena.

La dulzura del cambio
—las fantasías frente al Mediterráneo
y los despachos de teca—
se va amargando.
Como las nubes que cambian de color,
como las hojas que sienten la llegada del otoño en las nervaduras,
lo vivido adquiere un sabor rancio.

Los sedimentos se despueblan emergen regresan al aire.

La transparencia tiene el olor del combustible que se quema para obtenerla.

No es tan fácil, morir, como se piensa.

Bardo de mediados de mayo

La mesa de los proyectos. El todoatado pronosticado, su enorme
masa de barro pectoral, de párpado de hierro.

Escribo sobre los mapas conceptuales de una secuencia didáctica
    innovadora.
Pienso en mis hijos, en cómo transportar los libros a otro continente.
Lo que me quiero llevar a la siguiente vida.
Lo que me da contorno y me impide la visión al mismo tiempo.

Morir/Renacimiento: hacer balance desechar lo viejo abrirse al
                                                                                                    infinito.
                                        Cómo se descojonan de este marco el hombre
                                                                                                    el niño
                                        todos
                                        los que me pueblan.
Morir/*Bardo*:   ser veloz en el desprendimiento, favorecer
                                                                                                    la purga el
                                        vómito, para dejar atrás
                                                lo que engaña porque resuena
                                                lo que parece propio y es adherencia.

Lucidez ante el despliegue de las emociones.

La lluvia de ceniza y la lluvia de pétalos.

Los lodos los ecos las sacudidas: saborearlas sabiendo que se
disuelven.

Las correspondencias: afinar el oído para ver adónde apuntan.

Y sobre todo:
Dejar de ansiar tanto la certeza.
Dejar de apretar.
Abrir la mano la pupila las alas el viento.

Cenizas

La madera del último invierno austral.
Dulce, melancólica, hipnótica,
ardiendo en la chimenea.

Llena de insectos de salamandras.
Trazando algo punzante: surcos en la piedra.

Inercias que muerden, que tocan algún fondo.

Una nuca ansiada su olor desconocido.

Perder pie en otros brazos.

El Cantábrico, morir de veras.

Y aparecer
—un testigo fugaz y desplazado—
en Tierra Santa.

Un testigo fugaz y desplazado

a Severo Sarduy

¿Quién es el que se esconde en la maraña,
en el aprendizaje de los cuerpos?
¿Surcos de arena, o saberes viejos,
o ráfagas de azul en la montaña?

Hay un latido antiguo, una llamada
que surge poco a poco del silencio,
y tira de los hilos de lo seco,
tejiendo nuevas lunas nuevas playas.

Me voy de este lugar sin dejar nada:
una traza sutil de voz y seda
que no busca ser dueño ni morada.

Me voy de este lugar, pero algo queda:
esta continuidad de las acacias
bendice el nuevo giro de la rueda.

Primer bardo de junio

Con un golpe maestro de la mano, con una firma un
chasquido,
todo se apaga:
La casa se pone en venta la casa se vende décadas en un
instante, plof,
hojas en el viento.

Debería haber inquietud, debería haber un sol crujiendo,
agujas, pero no.
Hay una palma abierta al mar inmenso.
Hay cavidades esperando el vino nuevo.
Ecos preparándose.

La membrana que sostiene los pulmones, un poquito más
blanda.
Ajuste en la vibración, imperceptible apenas.
Como el latido del azul sobre el lienzo abierto.

El tiempo/la conciencia,
en el compás de espera,
sobre la cresta silenciosa de la ola.

Todo puede ser ahora.
Libertad pura.
Como los garabatos de los niños.

Amanecer/Atardecer.

Aire limpio
en el centro
del parpadeo.

Segundo bardo de junio

Se consume el último incienso de esta recitación,
de esta bocanada de despedida.
Presencias que de aquí a poco
no volverán a ser.

Todo lo recibido/bendecido en estos años de crisálida, a la vista,
sobre la mesa del salón.

Un pasado que no me reclama que no me violenta
que no me exige ser como ya dije.
Vida asumida y propia
lista para arder sin estridencia.

Emerge algo así como un propósito:
una hoja que cambia de color en la buganvilla,
una bandada de pájaros en un atardecer de niebla,
una perla dentro de un cuarzo que se derrite.

Dar belleza/traer visión/aliviar algunas córneas apagadas.
Asumir el aguijón el murciélago las palabras
contrahechas y los líquenes.
Empuñar el magnetismo y dejar
de una vez
de ocultarme de la vista.

Último bardo

Goodbye, Johannesburg

Las últimas lluvias sobre el estuario seco.
Sin inercia que los sostenga en el día a día, el canal se vacía, dejando al descubierto las carcasas de los proyectos abandonados estos cuatro años. Lo que pudo haber sido y no fue porque no quise,
porque no me lancé porque se me fue pasando.
Brillan, con el lindo moho de la nostalgia serena.

Conduzco por las calles del viejo Johannesburgo, muros decrépitos cuya historia no conozco no conoceré. Es fácil pasar rozando solo la superficie brillante de los lugares, sin-comprender-en-dónde.
Más difícil es asumir su pulso, tomar conciencia de lo que cruje en los agujeros de los semáforos, habitar los nidos de la historia tapiada.

La historia siempre es horrenda, está hecha de huesos sin flores sin despedidas sin nadie que los acepte.
Qué sencillas eran las barcas de Benarés, qué pintorescos los niños harapientos y los saris, la doctrina no dual sin ensuciarse con la plasta de búfalo, solo beber el chai y la parte publicada de las Upanishad.

Qué fácil, pero qué cierto y nítido, indudable, ha sido el color de las montañas de Lesotho. Pertenecen a una transnacional: compró los derechos y ahora la gente de allí no puede subir a rezar con sus ancestros.

A mí no me afecta porque es parque nacional y pago mi entrada. Además, rezo hacia adentro, con cuentas silenciosas.

Es fácil rezar así, porque encaja. Hay una caja de lo esperado donde cabe lo exótico, la gente que, como yo, recorre fronteras pero no las transgrede,
dice algo
convenientemente inconveniente.

¿Podré meter la mano en el subsuelo de la injusticia,
sin perder la claridad de las acacias?
¿O será solo bailar y anotar la historia desde lejos,
lo que ya es ruina y no compete o solo apenas?

Los árboles: ¿olvidan o recubren el incendio?

PERDER PIE EN EL CANTÁBRICO

Oyambre vista desde Sudáfrica

Y con dos pinceladas repentinas, toda la infancia ante los
ojos cerrados.
El viento la silueta de la costa el olor de las algas el roce
áspero de la toalla el frío en los labios la sal los calamares
la alegría.

El cuerpo sabe la memoria sabe.
Los pies conocen la forma ondulada de la arena.
Las manos palpan el contorno cambiante de las olas el
agua
me llega por la cintura, me sumerjo desde el recuerdo,
mientras arde el último incienso austral,
ya sin despedida.

Anticipación. Expectante.
Solo palabras: apenas dicen lo que el cuerpo
                              sabe/alberga y revela cuando quiere.

Algo fluye de playa a playa: caricias sueños cicatrices.
Tantas arenas, la interminable sucesión de vida-sin-linaje.
Verano puro,
infinitud impresa con miel y seda y escorpiones en el
granito indeleble

Esta,
Oyambre,
es mi primera playa.

Acacias/espino

Madrid, septiembre 2020

Las matas de espino
clavan la mirada   al que observa le llega
                                    el viento cálido desértico de la certeza.

Este es el lugar este es el sustrato la calma nueva es aquí:

La exactitud de las acacias.
La arboleda de bambú.
Las matas de espino.

El aire seco de otro modo,
abrasando abrazando dando la bienvenida,
un abrazo sin tregua sin alivio

Regreso al espino mediterráneo.
Más suave al tacto,
más enjuto más insecto más primordial incluso.

El viento   peina   la mirada   se mece

Las ganas de vencer la dualidad contrayendo los párpados.
Evaporándose:

El espino se mece   en el viento sin mirada

Ría de Oyambre

Las orillas se despueblan de agua salada.
La marea deja al descubierto el bosque anegado, la
cicatriz
de los afectos de arena.

En el tránsito hacia la playa, ciertos olores.
Ciertos abismos.
Ciertas cortezas, cierta humedad/caricia.
Se reconocen como vividos, parecen propios. O tal
vez engañan.
Las certezas: ¿confunden o señalan?

La pregunta desencadena el viejo ciclo: el vericueto
conceptual que cuestiona lo visible, el método
adquirido para las escafandras y la gestión de lo inerte.

Pero algo brillante, interno,
algo como las alas de un buitre,
lo interrumpe
majestuoso y leve como un silbido de plata.

¿Por qué desconfiar de lo que eleva?
¿Por qué cuestionas cada grieta a ver si es nido, ruta,
esquirla o veta?

Y después, un golpe seco, sereno.
Como el sonido que hace una piedra
cuando una niña la deja caer sobre la alfombra

No se puede perder pie
y pretender entenderlo.

Mentalidad de carencia. Ausencias intangibles de la
infancia.
Eso diría a mis alumnos a mi familia a mis colegas de
departamento.
Pero es un bloque de cemento y yedra que se agranda
con el cansancio,
una acidez en la mirada y en las encías,
un desplegarse encorvado contra la cúpula del invierno.

Una historia insondable bajo la marca de la marea
bajo la duna bajo el horizonte.
Inaccesible al tiempo.

Allí, alguien
está perdiendo pie
se va disolviendo
respira
y le falta el aire.

Perder pie

La mente alberga un gesto una sensación de aguja: es
el recuerdo de una vivencia en el Cantábrico. Tan
    inexacto, tan fino en su sordina,
que no se siente el escozor de las olas.

Lo que la piel recuerda es solo vaho: un mínimo
contacto de los dedos, y un fragmento de lo escuchado
    en la infancia.
El umbral de agua y horizonte. Al otro lado
apenas hay ruido
apenas he estado.

No es tan fácil, perder pie, como se piensa:
Las piernas buscan la vertical comprende,
indica el punto de retorno.
La delgada línea de sal no inquieta
no arrastra
separa los mundos sin inconveniente.

Perder pie no se comprende.
No se alcanza como una cumbre como una ilusión
como un estambre.
No sucede con pasos cantos método reflexión la mar
    en calma.
Hay que soltar el centro de gravedad y eso
nadie que esté deseándolo puede hacerlo.
Adviene, y no sé cómo verlo sin detenerlo con la
    mirada.
Imagino cómo sería

el momento exacto
en que la ola empuja y el pie pierde el contacto
y las manos se agarran al líquido
y la cabeza cede y la mirada se abre
y las uñas los engarces se aferran a la vida
y se salta sin remedio
y se abren las alas las pupilas las esporas
del helecho
y se ve de frente

La ilusoria curvatura del horizonte

El reflejo el sol la claridad la membrana

La piel los ecos el origen el Cantábrico.

Cantábrico

Por debajo de los alfileres más menudos.
Por debajo de la profundidad y la corriente.
Adonde se cae durante ciertos sueños: el Mar.

Cantábrico: azul sin reflejo alguno, donde miramos al nacer.
La sal en el aire: el tiempo parado en la colina.
La tristeza el agua quieta los huesos helados al salir.

Bajo los párpados la quietud, con los pies dentro del
agua. Siento las olas la arena cambiando:

<table>
<tr><td>Equilibrio
inestable</td><td>Pálpito
que se detiene</td><td>Y la montaña emerge
por los poros
del recuerdo</td></tr>
</table>

En el eje de la luz
todo lo vivo es ya silencio, abotonado y seco,
pulsión cubierta de pétalos
diástole sin membranas.

Lo que perdura
de playa a playa
no lo conoceremos nunca.
Lo intuimos en los reflejos de la nieve,
en las grietas de la persona,
en las miradas de ciertos niños.

Lo que se queda
es pasto de las gaviotas alimento de los cangrejos
juguetes
plásticos flotando, divagando, en el Cantábrico.

Cantábrico

La cuchillada del mar sobre la córnea.
Amplitud, lo llaman, pero es espacio azul lleno de estrías,
de cuencos y cuencos de memoria,
de milenios de insistencia, zarpazos de cal y escama,
acantilado:

Los pasos en la hierba alta se sienten diminutos.
El vértigo protege la mirada distrae la mente quiere contar   una historia,
la del
          hombre-ante-las-aguas.

Lo detenido se mueve.
La continuidad es inmensa,
inestable y poblada de seres.
Lo dicho lo soñado lo que se pide ante un altar lo que se siente en un concierto en un fracaso en un laberinto en un   colegio.

Todo está ahí. Lo llaman olas.
Porque es lo que se ve, y vagamente,
reconocemos la espuma y nos conforma.
Pero la cuchillada
          es tan profunda
          tan radical y nuestra y epidérmica
que no se percibe hasta que entra.

No puede manejarse.
Nos hace perder pie en un silencio de galaxias.

Cantábrico   alud   dormir   el gozo

El gozo
       ola tras ola tras ola tras ola en el costado.

Cantábrico

La historia, desprendida, flotando en el Cantábrico
de los ojos cerrados.
Un afilado toque, un mantra —*Buddho*, y el silencio.

Presencia sin historia sin profundidad.
El Mar extenso, amniótico, impenetrable.

La conciencia está viva.
Su manera de ser es ser vivencia.
Poros en el lienzo, calor entre las vocales, inmediatez
sin nudos.

Algunos lo sienten como pulso, para otros es brillo.
El cuerpo vive a través de esos quilates.
De presencia suspendida, de indetectable expansión.

El lienzo se despliega, una vez más.
Miles, millones de córneas que lo ignoran,
mirando sus pantallas sus mascotas sus muebles buenos.

Cantábrico. Ventanas

Y al final la lluvia,
insoportable y lenta y diminuta.

Achicando el olvido haciendo que la arena pese
                                        que cada paso cueste
                                        que haya que disputar
                                             delimitar
                                             concretar las agendas.

Las ventanas, protegiendo/separando:
La córnea divide   —ya lo dije, y además,
                                                       es evidente—

La humedad cala, sin embargo.
El Cantábrico, íntimo, se extiende por los pulmones,
por la cama por la linfa por cada rincón
de la buhardilla
decadente y familiar y extranjera.

Almacén de palabras que dibuja esta,
y todas y cada una de las playas.

Cantábrico

Y al final solo hay presencia

Y nada se separa

Y lo que era roce es cristal y sigue siendo roce

Y las esporas brillan
suspendidas
en el aire

ÍNDICE

Invierno. Adagios

Se acaba el aire 11
Gratitudes 12
Invierno 13
La regadera inclinándose 15
Grietas 16
La única silla 17
La nueva casa 18
Bocanadas 19
El monasterio 20
El niño el hombre 21
Sin grietas 22

No dualidades. Modestas danzas filosóficas

Danza / Tractatus 25
Platón / Bashō 26
Rajgir 2013 / Magaliesberg 2019 27
Volver / Acacias 28
El hombre / el aire 29
Algo se quema 30
El niño / recovecos 3
1

Antes de lo pensado

Pestañas 35
Brizna 36
Llanura 1 37
Sati 38

Esquirlas 39
Luciérnagas 42
Llanura 2 43
Llanura 3 44
El color de la luz 45
Paz en los intersticios 46
Concordancia 48
Los tres pájaros 50
El niño 52
Despedida 54
Abhayamudrā 55
Kuan Yin 56
Encabalgamientos 57
Ayuno 59
Aires de familia 60

Bardos en el invierno austral

Primer bardo 65
Bardo de la luna llena de mayo 66
Bardo de mediados de mayo 67
Cenizas 69
Un testigo fugaz y desplazado 70
Primer bardo de junio 71
Segundo bardo de junio 73
Último bardo 74

Perder pie en el Cantábrico

Oyambre vista desde Sudáfrica 79
Acacias/espino 80

Ría de Oyambre 81
Perder pie 83
Cantábrico 85
Cantábrico. Ventanas 87
Cantábrico 91

*Este libro se terminó de editar en Granada
en abril de 2025 por*

www.aversopoesia.com
hola@aversopoesia.com